CARMEN CRU

J'AI LU BD

LELONG

DANS LA COLLECTION J'AI LU BD

CARMEN CRU

1 - RENCONTRE DU 3ème Âge

2 - LA DAME DE FER

3 - VIE ET MŒURS

AUX ÉDITIONS FLUIDE GLACIAL

CARMEN CRU

1 - RENCONTRE DU 3ème Âge

2 - LA DAME DE FER

3 - VIE ET MŒURS

4 - NI DIEU NI MAÎTRE

5 - L'ÉCORCHÉE VIVE

Lelong

CARMEN CRU

2 - La dame de fer

Adaptation graphique de Sylvie Mocaer

CARMEN CRU.

Le terreau.

PAC
BLANG
BEC
CLAC
GLAM
GBONG
GBONG

BENG
De Dieu.
C'est un signe du Ciel! C'est le Seigneur qui veut communiquer.
C'est le fil de fer de la remorque qui s'est défait.

Bordel ! j'ai bien cru que c'était le Seigneur qui me faisait signe ! je pensais qu'Il me désignait pour être Son élu. Putain !
Tu vas où, avec cette remorque, la vieille ? Si elle se décroche à chaque virage, t'es pas prête d'y arriver.

Je vais chercher du terreau pour mon jardin.
Pour le jardin ? Jardinage : connais pas. Pas mon truc. M'intéresse pas.

Moi, mon rayon, c'est le vélo ! Ça, le vélo, je connais. Quand on parle de vélo, je suis toujours là. Au séminaire, je faisais la maintenance, huit cents gadins à entretenir ! Tu vois ce que je veux dire.

Bon, j'ai cinq minutes devant moi, je t'accompagne. Cramponne ton vélo, la vieille, j'attrape la remorque.
TABAC

De Dieu! j'ai bien cru à un signe du Ciel... La remorque, CRAC!.. à mes pieds... Quand je dirai ça à l'Évêque...

me faire chier à chercher du fumier... ça va que je suis curé... y a des obligations...
BLANG BALANG

Il me semble bien que je suis déjà passé par là...
GLONG BANG

C'est ici que je prends mon terreau.
C'est là qu'il est le meilleur.

Alors ça, c'est pas con comme idée !... j'y aurais jamais pensé. Moi, en jardinage, je suis nul. Mon truc, c'est le vélo.

Bon, on creuse où, dans ce bordel ?
Je vais en ramasser là, c'est de la vieille terre.

Pousse-toi, la vieille. La terre, ça m'emmerde... Trop bas, ça pue... Plein les godasses... Faut attendre que ça pousse, ça m'énerve...

C'est plein de bestioles... dégueulasse. Par contre le vélo, c'est autre chose. Le cambouis, au moins, on sait ce que c'est... C'est noble, le cambouis.
Tiens! De Dieu!.. une fleur!.. Une fleur pour mettre dans ton terreau, la vieille!
Ça vaut rien. C'est du plastique. Je vais quand même pas mettre du plastique dans mon jardin.
C'est du plastique, ça?!..
Merde, j'aurais pas cru... C'est vachement bien imité. Je la garde, ça peut servir, on sait jamais... Pour l'Évêque...

Il aime bien les fleurs, l'Évêque... Putain!.. HAN!.. Et allez, creuse! je vais t'en mettre une pleine remorque.
Chope, la vieille! Des os! C'est bon pour le terreau, ça les os... Tu vas pas me dire le contraire!
Je suis peut-être nul en jardinage, mais je sais que les os, c'est bon pour faire de l'engrais.
Comme ça, c'est pas bon. Faut qu'y soient écrasés, sans ça, ça vaut rien.
Bon. D'accord. A moins que je le garde... comme cendrier pour ma pipe...

Dommage qu'il reste des cheveux... Faut le raser... Même pas! Pour l'Évêque! Pour qu'il y mette sa perruque, la nuit, quand il dort! De Dieu! je l'embarque!
Bon tant qu'on y est... Des vieux bouts de bois, dans un jardin, ça peut servir?
On peut faire des tuteurs.
Et RAN! Emballé !!... Et maintenant, on fout le camp, plein les bottes du jardinage!
FLAC
FLAC
Le gadin, c'est mon affaire. Je mène l'équipage. Toi, la vieille, tu suis derrière avec ton cageot. C'est parti.

Regarde donc ce qu'y arrive... Si c'est pas honteux de voir ça... Faut le voir pour le croire !
Un enterrement de pauvre ! Un misérable qu'on porte en terre... De nos jours, voir encore ça, c'est une honte !
On se demande à quelle époque on vit...
Lelong 10.83

La consultation.

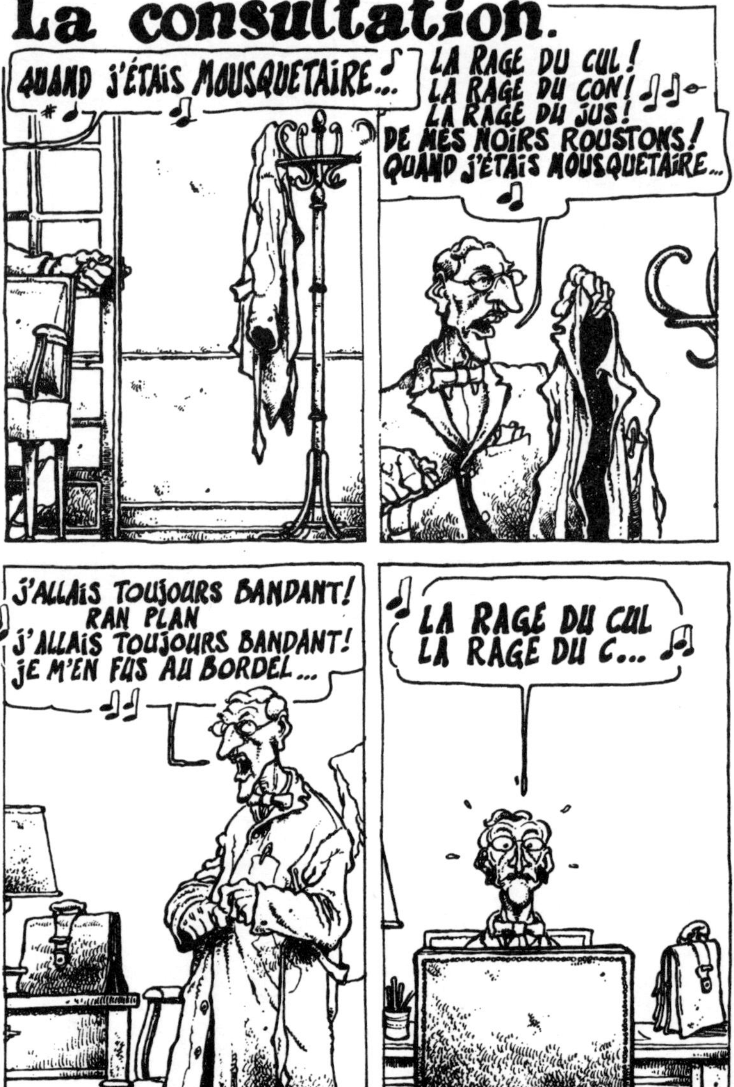

Vous avez de drôles de manières pour un docteur. Je me demande si j'ai bien fait de venir ici.

Madame ?!.. Comment ?... La secrétaire vous a permis d'entrer ?
Y a trop de monde qui attend. Je suis entrée par derrière. Par l'appartement.

Par l'appartement? Vous me voyez surpris... je consulte normalement que sur rendez-vous.
Si vous voulez pas me soigner, il faut le dire, je peux aller voir un autre docteur, c'est pas ce qui manque.
La question n'est pas là, maintenant que vous êtes ici... Qu'est-ce qui ne va pas?
Y a mes mollets qui me font mal, et je respire mal aussi. Des fois, ça arrive que je suis essoufflée.
C'est à dire?
C'est quand je fais du vélo, avec la remorque, quand je monte la côte du canal.

Vous faites du vélo, à votre âge ?
Je vous ai pas demandé de me critiquer, je dis que j'ai du mal à monter la côte du canal avec ma remorque, surtout quand elle est pleine de terreau.

Une remorque pleine de terreau ?
C'est pour mon jardin. Le terreau, c'est pour faire pousser les plantes. Quand j'arrive en haut de la côte, je suis essoufflée et j'ai les mollets tout raides. Avant, ça le faisait pas.

Maintenant, faut que je pousse à pied. Ça avance pas, c'est pas la peine d'avoir un vélo et une remorque si y faut que je marche à pied. Ça me fait honte.

Ça me paraît un peu évident. A votre âge, j'en connais qui se déplacent avec des béquilles.
Vous voulez me donner des béquilles ?

Ce n'est pas ce que j'ai dit. Je vais procéder à un examen. Vous vous déshabillez, vous ne gardez que votre slip.
Vous me prenez pour une fille ? Faut pas abuser de la situation, ni de ma sénilité.
Je me vois mal vous ausculter à travers votre manteau. On se dépêche, je n'accorde que dix minutes à chaque malade et le temps passe.
Alors, y faut éteindre la lumière. J'ai jamais permis qu'un homme voie ma nudité, c'est pas aujourd'hui que ça va commencer.
Vous ausculter dans le noir ?

Ça serait bien la première fois... Bien... S'il faut passer par là...

Êtes-vous prete ?
Ça y est, mais faut pas laisser traîner vos mains n'importe où.

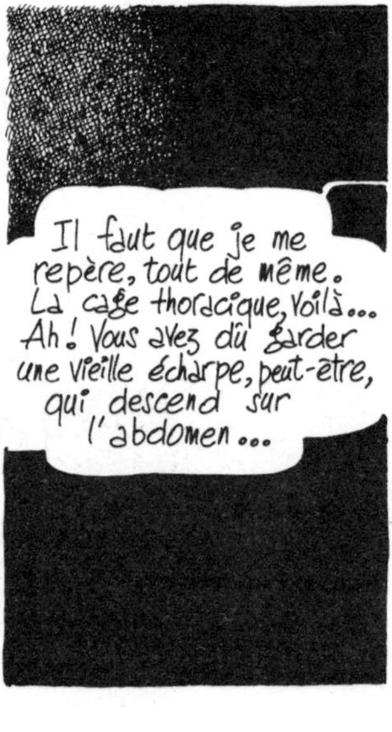
Il faut que je me repère, tout de même. La cage thoracique, voilà... Ah ! Vous avez dû garder une vieille écharpe, peut-être, qui descend sur l'abdomen...

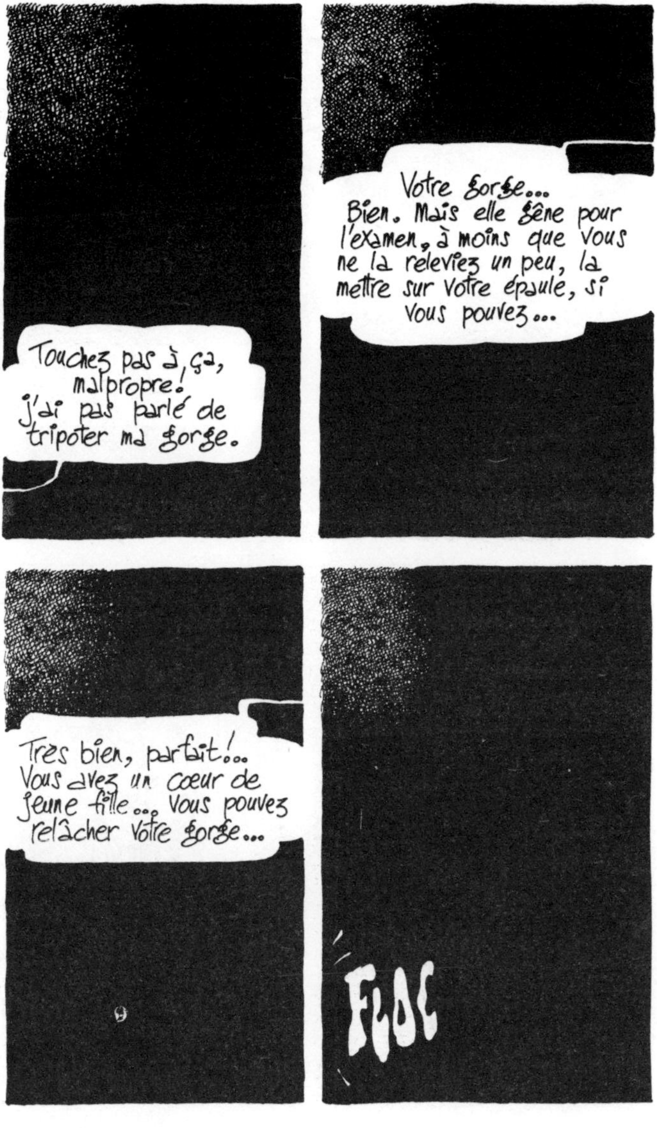
Votre gorge... Bien. Mais elle gêne pour l'examen, à moins que vous ne la releviez un peu, la mettre sur votre épaule, si vous pouvez...
Touchez pas à ça, malpropre! j'ai pas parlé de tripoter ma gorge.
Très bien, parfait!... Vous avez un cœur de jeune fille... Vous pouvez relâcher votre gorge...
FLOC

Tournez-vous, maintenant... C'est ça... Tiens ?!... Vous avez du poil dans le dos ?... et je n'entends rien, ça m'inquiète...
Ça, c'est ma tête que vous tripotez maintenant, si vous connaissez pas votre travail, je peux aller chez un autre docteur.
Votre petite taille m'a trompé. Ah! là, c'est mieux... Les poumons m'ont l'air parfaits... Voilà, vous vous rhabillez rapidement, s'il vous plaît, le temps passe, je prends du retard sur mon horaire.
Attendez que je sois habillée pour rallumer.
Y a les yeux aussi. Le soir, ils me brûlent quand je lis et que la nuit tombe. Maintenant, faut que j'allume l'électricité, mais avant non.

A votre âge, vous auriez peut-être besoin de lunettes. je vais contrôler votre vue. Vous lisez les plus petites lettres que vous pouvez voir.
AOXTRCVDJ
BKSZQI
EYGW
HLX
AM
" IMPRIMERIE CARBI-FRÈRES CORON-LES-MINES ENREGIST. 5813-2911560 REPRODUCTION MÊME PARTIELLE STRICTEMENT INTERDITE " Apres, je distingue mal, vous voyez bien que mes yeux sont pas bons.
AOXTRCVDJ
BKSZQI
EYGW
HLX
AM
C'est bien ça. Mais après, ne vous inquiétez pas, c'est un défaut du papier.
Le test me paraît concluant. Nous allons voir vos réflexes, vous vous asseyez et vous vous détendez, rapidement s'il vous plaît.
je pense qu'il est inutile de vous demander de relever vos jupes...

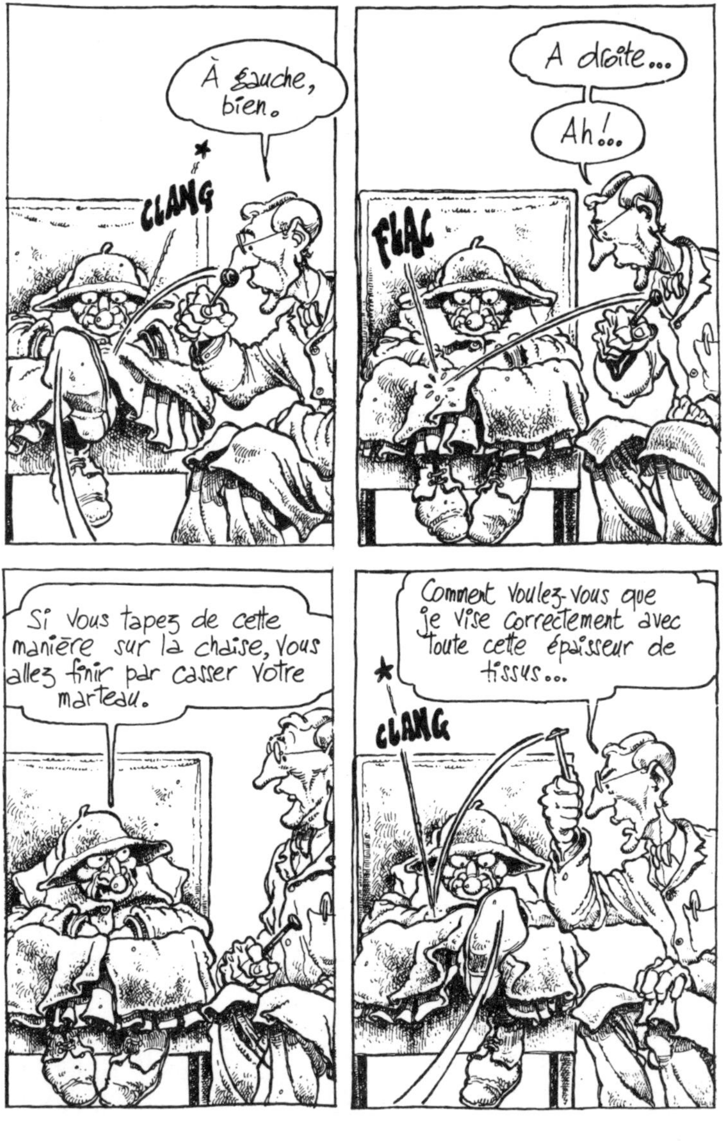
À gauche, bien.
CLANG
A droite...
Ah !..
FLAC
Si vous tapez de cette manière sur la chaise, vous allez finir par casser votre marteau.
Comment voulez-vous que je vise correctement avec toute cette épaisseur de tissus...
CLANG

Tout est pour le mieux. je ne peux vous donner que quelques conseils : ménagez-vous, ne forcez pas en vélo et faites de la lumière quand vous lisez. C'est tout.
Vous faites pas d'ordonnance pour me soigner?
Mais vous êtes en excellente santé, il n'y a rien à soigner.
j'aurais su que vous soyez pas compétent, j'aurais...
C'est ça, madame. Bonsoir, madame. Voyez la secrétaire pour les formalités.

La personne suivante, s'il vous plaît !
Il n'y a plus personne, Docteur, ils sont tous partis.
Comment ça, partis ?
C'est à cause d'une vieille que je n'avais d'ailleurs pas vue entrer, elle a refusé de payer en prétextant que vous n'étiez qu'un charlatan. Elle a ajouté que vous vouliez l'abuser dans le noir, que vous l'avez frappée et que vous avez refusé de la soigner.

Elle veut porter plainte au Conseil de l'Ordre, alors là-dessus, les clients sont tous partis.
...effarant...
Il y a d'autres rendez-vous? Quel jour sommes-nous? Vendredi 13? je ne suis pas superstitieux, mais je n'aime pas ce jour-là.
C'est terminé pour aujourd'hui, Docteur. Nous sommes le 16, un mardi, c'est la Ste CARMEN.
Mardi 16... Ste CARMEN... Bien. C'est très bien. Très très bien. Voilà une journée foutrement menée... Je vais m'allonger un peu.
Je vais consulter mon biorythme. Une mauvaise passe, sans doute...
Lelong 08/83

CARMEN CRU.

Les huitres.

Pour accompagner, Comme d'habitude?
Vous le savez bien, je vais pas le répéter à chaque fois.
DEUX DOUZAINES D'HUITRES ET UN FERNET BRANCA, DOUBLE!
Ça marche...
Excusez-nous, madame, ces deux places sont libres? Tout est plein...
En poussant un peu le cageot...

Si vous voulez vous asseoir là, faut vous y asseoir. Mais faut pas toucher mes affaires personnelles, j'ai pas essayé de tripoter votre sac à main.
Mon amour...

Ma vie... mon univers...
Mon rayon de soleil...

toi... mon zen...
SLURP
ma béatitude...

J'ai envie de ton corps... j'oserais, sais-tu ce que je ferais avec ma langue ?
Ma bouche a soif de toi... j'en vibre...
C'est pas la peine de dire des cochonneries quand y a du monde. Surtout que j'ai pas fini mes huîtres.
Nous ne disons rien de grossier, Madame, nous nous prouvons mutuellement notre amour.

Nous entretenons nos sentiments l'un envers l'autre.
C'est écrit dans ce livre. Chaque instant doit être un gage d'amour éternellement recommencé.
SLURF
Ça évite au couple de se déchirer. C'est une thérapeutique préventive. Nous sublimons l'harmonie de notre union.
SLURF
Ça vous regarde, mais pas les autres, c'est pas des choses à dire en public.

J'ai découvert une nouvelle position à la page 53, c'est formidable, je me demande où ils les trouvent. On essaiera, ça sera l'extase.
J'ai vu. Ils garantissent une jouissance inoubliable, s'ils le disent, c'est que ça doit être vrai.
SLURP
On invitera Kiki et Lulu. A quatre, ce doit être éblouissant.
GLOUB GLOUB GLOUB
D'ailleurs, ils le conseillent, on va atteindre des sommets.
SLURP

mon clair de lune... La lumière de mes nuits...

C'est le bonheur... C'est écrit page 193...

Faut parler plus fort, y en a au fond qui ont pas entendu.

Si nos propos vous choquent, c'est que vous n'êtes pas libérée.
Avez-vous connu des problèmes de couple ?

Quand j'étais jeune, il y a quelque temps, y en avait un qui me courait derrière. Il était comme un chien en chaleur, y mangeait plus, y dormait plus, y bavait partout, il était comme fou. Il avait pas besoin d'un livre pour être comme ça, ça venait tout seul, il en avait qu'après moi.

Alors vous l'avez épousé et vous avez eu des problèmes de couple...
Certainement pas. C'était mon grand-père. j'allais quand même pas l'épouser. j'aurais l'air de quoi maintenant avec un vieillard comme mari ?

C'est l'heure de notre séance de thérapie de groupe au service du couple. On doit partir. Bon appétit, Madame.
Je vous ai rien demandé.
Faut ramener les huitres, regardez ce que j'ai trouvé dedans, c'est honteux.
?.. Une rustine ?.. Une rustine dans les huitres ? je ne comprends pas, le cuisinier n'a pourtant pas de vélo...

La maison s'excuse, Madame. Vous reprendrez quelque chose, à nos frais, bien entendu.
Faut me donner deux douzaines d'escargots, des petits gris, avec du beurre et du persil et de l'ail. Pis mon verre est vide...
Tu te rends compte, une rustine dans les huîtres, j'arrive pas à comprendre...
Ça arrive qu'à elle... La dernière fois, c'était un démonte-pneu... Elle a pas de pot.
DEUX DOUZAINES D'ESCARGOTS ET UN FERNET BRANCA, DOUBLE !
Ça marche.
Lelong 12.83

CARMEN CRU
Sale temps.

FLOUCH
FLOUCH

VELOS·CYCLOS
PNEUS
VENTE
DEPANNAGE

Je viens chercher mon vélo que j'avais donné à réparer.
Ah ben te voilà, ma petite poule... Ton vélo ? Qu'est-ce qu'il avait donc, ton vélo ?
Tu le sais bien. C'est les freins qui sont pas bons. Je peux pas rouler à vélo sans freins. Surtout quand j'ai la remorque.

Vois-tu, ma petite Carmen, je crois bien que j'ai pas eu le temps. je suis débordé, je sais plus où donner de la tête.
Faut pas me raconter d'histoires. T'es plein de mauvaise volonté. C'est bien pour me nuire.
Tu peux refermer ton parapluie, mon petit biquet, je pense que le toit est bon.

Une fois qu'il est ouvert, on peut plus le refermer. Il se bloque et faut des pinces.
Donne-le-moi, mon bouchon, je vais t'arranger ça. Depuis le temps qu'on se connaît, je peux bien te faire ça. Je vais bien te l'arranger, tu vas voir...
Faut pas l'esquinter, il était à mon grand-oncle qui était berger. C'est un souvenir familial. Faut le respecter.
Eh ben, Carmen, je te croyais pas sentimentale à ce point. Je vais bien te l'arranger, t'inquiète pas, mon petit bout.

Tout est rouillé... grippé... C'est une ruine... Tiens ! CRAC !! L'a pété ! Le fermoir qu'a pété. C'est pas grave... On va pas en faire un drame.
Maintenant, y ferme, mais y tient plus ouvert. Ça, j'y peux rien. Je l'ai pas fait exprès, je te jure, ma pauvre Carmen.
J'avais dit de pas l'esquinter. Faut me rendre mon vélo avant que tu l'abîmes aussi. J'en ai besoin tout de suite.

T'y penses pas, ma petite Carmen, ma responsabilité de mécanicien est en jeu... Je peux pas te laisser partir sur un engin qu'est pas en bon état de sécurité. Je fais que mon devoir d'homme honnête et consciencieux...
Tu fais ça rien que pour me nuire. T'es une mauvaise bête.

Pis comment que tu ferais pour repartir toute seule sous cette pluie battante, sur ton vieux vélo, avec ton vieux parapluie et tout ton vieux barda? Avec rien que tes vieux bras et tes vieilles jambes? T'as donc rien dans ta vieille tête, dis, mon petit biquet?

VELOS-CYCLOS
PNEUS
VENTE
DEPANNAGE
Sacrée vieille carne!
Vieille bique... ...peut bien marcher à pied...
...elle peut bien l'attendre, son clou... Pas moi le plus gêné...
Qu'elle me paye d'abord ses arriérés...

...depuis l'avant-guerre...
CROUIIIC
...je me fais plus avoir...
je suis bon, mais pas con.
CRIIIC
Lelong d.84

CARMEN CRU.

Le caniveau.

KRRR

ITS
URS
ALIMEN
GENERA

FROTCHI
FROTCHI
FROTCHI
FROTCHI
SNIRF
FRTCH

TS
RS
ALIMENTAT
GENERALI
Madame, pardon, quitte là !! Faut pas qué toi yé arrêter là ! Toi yé vois qué moi y nettoyer caniveau. Toi non pas arrêter là.
Moi yé pas content palabres, mais y faut respecter l'homme ! Toi yé poser vié vélo une autre place quand toi bien voir qué lé quelqu'un y nettoyer caniveau.

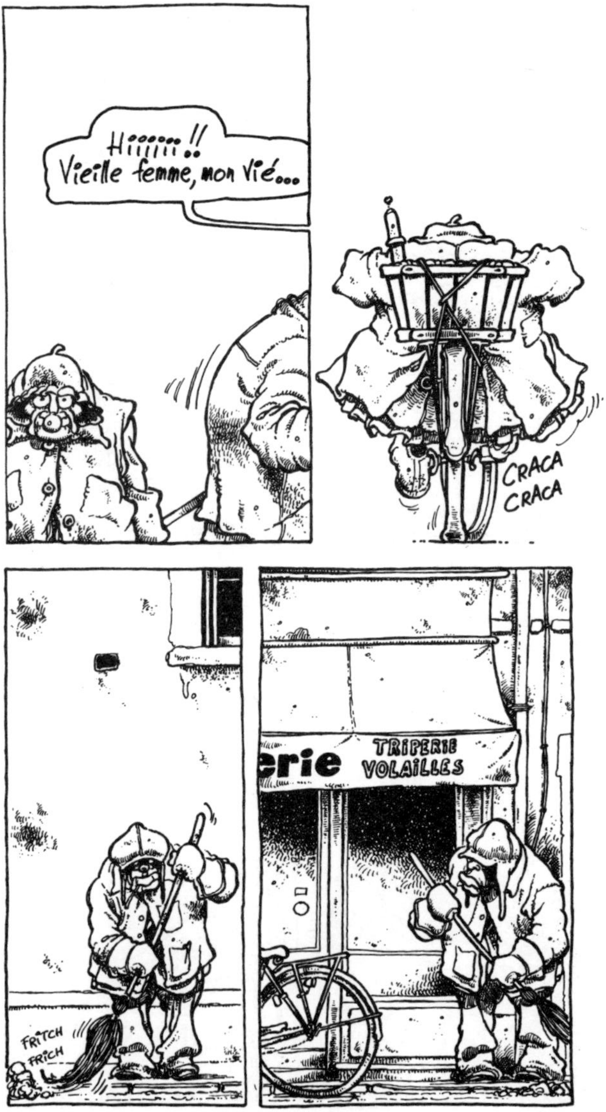
Hiiiiiii!!
Vieille femme, mon vié...
CRACA
CRACA
TRIPERIE
VOLAILLES
erie
FRITCH
FRICH

RIE · VOLAILLES
Madame! Y faut bien mé écouter avec ton deux oreilles. Cé qué toi yé fait, c'est pas bon. Comment yé va faire, maintenant? Yé pé pas balayer non plus à cause dé vié vélo qué boucher caniveau...
Lé pétit patron y va vénir, régarder caniveau, enguеuler moi fort fort! C'est pour gâter mon nom... Toi comprends moi.

Bon. moi, gé véni en France pour trouver travail dé caniveau et toi, vieille femme, tu me fais chier. yé sais bien qué tu es femme blanche. Bon. moi yé suis noir. Vous, les blancs, vous prénez les noirs comme esclaves, tout le monde y connaît ça.
Mais là, c'est trop fort! Toi pas respecter mon travail dé caniveau. Toi véni tranquillément avec ton vié vélo, poser lui juste devant lé nègre qui balayer lé caniveau et toi gé prendre ton bouffément dans les boutiques...
moi, yé pé pas attendre. moi, gé travaille, moi! C'est pas bon, cé qué tu fais...
CACRA
CACRA
CRACA

TOURISME
& VOYAGES
ACANCES
Tu voulais quelque chose, mon petit bonhomme ?
Ah ! j'avais cru... vu de dos...

Les pays chauds, c'est où ?
Les pays chauds ? Je ne saurais vous dire, c'est vaste.
Le pays où les gens sont noirs et vivent tout nus dans des cabanes en terre. J'en ai vu sur des photos.
L'Afrique, vous voulez dire... Eh bien, c'est là.
Et nous, on est où ?
Ici.
C'est tout ?
C'est déjà considérable ! Vous désirez une documentation ?

C'est là-bas qu'ils mangent des asticots et qu'il y a des femmes avec des cous de girafe ?
Je ne saurais vous dire. Je pense. Mais les choses ont évolué. Nous organisons un circuit à travers l'Afrique typique...
Le cannibale qui est dans le caniveau, il parle comme nous ? Y m'a causé mais j'ai rien compris.
Le cannibale ? Quel cannibale ?!
Ah ! Vous parlez de ce travailleur immigré à côté de ce vieux vélo... Probablement, mais je ne saurais vous dire, je n'ai pas conversé avec lui.
Faut combien d'heures de train pour aller là-bas ?
Je ne crois pas que le train aille jusque-là... Par contre nous disposons de tarifs avion...

Faut pas me raconter d'histoires, y a des trains là-bas, j'en ai vu sur des photos et je veux aller là-bas. En train. Faut pas me parler d'avion, j'ai peur des trous d'air.
Quand même, madame, je vous assure...
Vous essayez de m'abuser à cause de mon grand âge. C'est honteux.
J'irai à la gare, y z'essaieront pas de me vendre des billets d'avion.

Madame!
Moi yé fatiguer dé voir toi devant moi toujours. Ton tête il est trop vié, même! Dedans, tout est pourri... Moi, yé pas content toi. Moi yé découragé!..
Vous dimez les asticots?
??

Si vous aimez ça, faudra venir dans mon jardin, y en a plein, pis des limaces aussi et des loches, des grosses rouges, elles abîment mes légumes.

Vous pourrez en manger tant que vous voudrez, c'est rien que de la vermine, ça me soulagera bien. C'est pas les mêmes que chez vous, mais ils doivent être bons aussi.

Elle a dit quoi? yé n'a rien compris... Lé sticot, c'est quoi même?..
CRACA CRACA
Hééé!! La vieille femme blanche, mon vié, c'est trop fort quoi!
Lelong & N'guessan (aux dialogues). 02-84
FRITCH

Carmen Cru.

Le quatre-heures.

Je vais être bousculée tout le temps, les gens abusent de ma gentillesse et de ma complaisance. J'ai même pas pu refuser de le garder.
La porte de la cour était ouverte, j'avais le dos tourné, on a profité de ma sénilité.
Dis, Madame Cru, je m'ennuie... Chez ma grand-mère, y a des tas de jouets, je rigole bien, mais ici, y a rien. Y fait noir, ça sent le moisi et y fait drôlement chaud.
Tiens-toi tranquille ou je vais te mettre dans les vieux cabinets qui sont pleins d'araignées.

D'abord je m'en fous des araignées! Ça me fait pas peur, j'en fais la collection, j'en ai plein un bocal, a se bouffent entre elles, je rigole!..

Dis, Madame CRU, mon père quand y parle de toi, y dit : "Madame Cu" et pis y rigole. Pourquoi ?
Eh ! Tu m'as entendu ? Pourquoi mon père...
Quand je le verrai, ton père, je lui dirai deux mots. Reste tranquille, tu me fatigues.
Y fait chaud. J'ai soif. Je veux du jus d'orange.
Y en a pas. Y a que de l'eau du robinet. Faut te servir. Faut respecter mes jambes.

Je peux pas prendre de l'eau, le robinet, il est trop haut.
Qu'est-ce que tu veux que j'y fasse ? Je peux pas le descendre plus bas qu'il est. Fiche-moi la paix, j'ai déjà dit.
Ma grand-mère, a me cause pas comme ça. Elle est gentille, ma grand-mère. Plus que toi.
Fallait aller chez elle, plutôt que de me perturber ma journée. C'est abominable.

Eh! Madame Cru! Fais sortir l'oiseau qu'est dans la boîte, je vais lui foutre un coup de lance-pierre!
GLOK
BEK
GLOK
BEK
C'est pas le moment, tu le verras tout à l'heure, reste tranquille je répète, ou je te mets dans la ruche derrière la maison.
Dans la ruche? C'est quoi une ruche?
C'est plein d'abeilles qui piquent si on les embête. Si t'es pas sage, je te mets dedans et tu vas comprendre.

je vais le dire à mon père quand y va sortir de l'hôpital. J'y dirai que tu m'as mis dans la ruche avec les abeilles.

Vas-tu te taire, tu me lasses.
D'abord, je préfère ma grand-mère. A me donne des gâteaux. Pis sa tête, a fait pas peur. A va au coiffeur et elle a des grosses joues. A ressemble à la grand-mère qui fait de la publicité à la télé. Pourquoi t'as pas la télé, Madame Cru ?

Tu me casses les oreilles.
J'ai faim. Ma mère, elle a dit que tu me donnerais mon quatre-heures.
Faut que je te nourrisse, à présent ? Les gens sont éhontés. Faut que je me fasse mon vin chaud, je vais t'en donner, ça va te calmer.
POP

Ma mère, a me donne jamais de vin, a dit que c'est mauvais pour les enfants.
Elle a raison. je vais t'en donner quand même un peu, comme ça, tu sauras ce que c'est.
Avale ça tant que c'est chaud.
Ça a un drôle de goût. C'est fort.
Dis, Madame CRU, j'ai la tête qui tourne, ça me brûle le ventre.

C'est normal, t'as bu trop vite. Finis ton bol, je vais quand même pas jeter ça.
j'ai envie de vomir, je vois tout drôle...
HOU HOU! CHARLES! je suis revenue de l'hôpital, tu peux venir!
HEURP! Ça va pas...

Mais qu'est-ce que t'as ? T'es tout pâle... Et ces taches sur ta chemise ? Mais c'est du vin ! Qui t'a donné du vin ? C'est Madame Cru, dis, réponds ! C'est Madame Cru ?
Mais quand même ! Donner du vin à un enfant... a-t-on idée ? La sale vieille !! C'est la dernière fois que tu mets les pieds dans son gourbi !
Rendez service aux gens, voilà comment on vous récompense, des insultes.
Mais vomis pas dans mon sac à main, malpropre ! Ah ben t'es joli !!. je sors de voir le père à sa cure de désintoxication, je trouve le fils qu'est saoûl perdu ! Mais qu'est-ce que j'ai fait au Bon Dieu ?

Mon après-midi est fichu. Me voilà toute retournée, à présent.
Je sens que j'ai besoin d'un petit remontant.
Pour une fois que j'avais de la compagnie, j'aurais pu passer une agréable après-midi.

Faut que les gens viennent tout gâcher. C'est à vous désespèrer d'être bonne. Me revoilà dans ma solitude.

On se demande des fois si la vie vaut la peine d'être vécue.
Poire 60°
Lelong 04.84

CARMEN CRU.

Voisinage.

On va prendre l'air, la vieille?
Faut toujours qu'y ait un imbécile pour se mêler des affaires des autres.
Pas la forme, la mère cru, elle m'a répondu, dis-donc!

SNIF
NIF
SNIF

DRING
Poupi ! Regarde qui c'est, on a sonné !
C'est la voisine, la vieille du fond. Qu'est-ce qu'elle vient nous emmerder ? je descends...
Qu'est-ce qui se passe, la mère, c'est pas fini de faire chier le monde ?!
Faut rappeler votre chien, y me suit partout et il a voulu me mordre.
Mon chien ?

Celui-là.
Il a souillé mon sac, faut m'en payer un autre.
Mais j'ai jamais eu de chien! je le connais pas, je sais pas d'où il vient!!
Faut pas essayer de m'abuser, quand on a des animaux, faut savoir les surveiller.
Poupi! Vous parlez de quoi?
C'est la vieille qui prétend que ce chien est à nous! C'est le plus fort! Elle débloque complètement!
Oh! Le joli petit chien! Tu l'as trouvé où, Poupi?
Mais j'ai rien trouvé du tout! C'est la vieille qui l'a ramené et qui me le colle sur les bras... C'est bien dans ses manières!
Faut me rembourser mon sac, il est fichu.

Comment il s'appelle, Poupi ? Comme il est mignon, la pauvre bête ...
Mais je l'appelle rien du tout, j'en veux pas de ce bestiau, ça suffit du chat et je paierai rien du tout !!..
Qu'est-ce que tu veux payer, Poupi ? C'est pour le chien ? Oh, comme c'est gentil ! Tu peux faire un geste, cette pauvre madame Cru, ça lui ferait plaisir !
Faut savoir être correct avec les vieilles gens, ou je vais me plaindre.
Fais-le monter, Poupi, je vais lui donner à manger. Il doit être affamé.
Mais Nom de Dieu ! Puisque je dis que je connais rien de ce chien ! j'en veux pas et y aura jamais de chien dans la baraque !
SNIF SNIF

C'est pas la peine de crier, c'est pas comme ça que vous m'aurez.
je fais rien monter du tout! Allez!! Dehors le clebs! Pas une ménagerie, ici!
je lui jette des os de côtelette, c'est bon pour les chiens, les os. Tiens, Poupi, attrape les os!
Alors, Mèmère, on a fait son petit tour?
Quels os?
Attention, bordel! Tu m'envoies des bouts de gras dans les cheveux! Dehors, j'ai dit! Mais c'est qu'y mordrait, le sale con!
Ah! Ça va mieux... Elle m'a même pas regardé.

Raoul! Qu'est-ce que c'est que ces cris? Et à qui tu parles?
C'est les voisins du dessus et je parle à la vieille. je crois bien qu'ils ont adopté un chien, ils lui donnent à manger.
Comment? je comprends mal, je suis aux cabinets.
je dis qu'y a un chien et que j'ai parlé à la vieille qui rentre chez elle...
Mais non, la vieille elle a pas de chien, c'est les voisins qu'ont un chat, tu le sais bien, t'as encore bu.
Mais puisque je dis que c'est un chien, je suis quand même pas déjà saoûl, je sais reconnaître un chien d'un chat!
Ah! Tu vois bien que c'est un chat! Ça m'aurait étonnée que la vieille ait un chien, manquerait plus que ça... Tu refais du delirium, faut voir le docteur...

Je vais demander au voisin, on va bien voir...
Votre chien, là, c'est bien un chien ?
J'ai pas de chien, j'ai jamais eu de chien et j'aurai jamais de chien ! Vu ?
Merde ! J'aurais pourtant cru... Votre chat, il ressemble drôlement à un chien. C'est quelle race ?
Chat ? Quel chat ? Y a pas de chat, vous êtes ivre...
Mais alors, ça là, c'est quoi ?

Raoul! Y a plus de papier! Donne-m'en! RAOUL!! Mais où il est passé? Encore au café, c'est un monde... Ce qu'il lui faudrait, c'est un animal pour l'occuper...
Un chien, par exemple...
Chiennerie.
Lelong 05-84

CARMEN CRU.
L'héritage.

Il était temps qu'elle descende, elle prenait trois places à elle seule.
Elle a pas arrêté de râler, le petit a fait que pleurer...
DOUG DOUG DOUG DOUG DOUG

GBROUAAAAAA

Hé! V'là la vieille! La v'là! C'est la CARMEN!
Ho, le vieux! T'entends? V'là la CARMEN qu'arrive!..
FLOUTCH
FLOUTCH

C'est la vieille qu'est venue... La CARMEN...
Alors, t'as donc reçu la lettre ? C'est moi qui l'a faite... je penserais point que tu viendrais, tout ce chemin à faire, c'est beaucoup pour une vieille comme toi.
SLUIRF

Y avait pas de timbre. J'ai payé la taxe, faudra me rembourser.
J'as pas eu le temps de l'acheter parce que c'était urgent. Pis y avait les copains au café, on a bu un coup, bien fallu que je paye...
Hé, le vieux! Faut y expliquer tout... Comment que ça c'est passé...

Y peut pas parler mieux que ça? j'ai rien compris.
L'a pu de dents. Y s'est pris un coup de pied de cheval dans les babines, l'a craché toutes ses dents... faut comprendre quand y cause, faut l'habitude...

Y dit qu'y faut que tu prennes les affaires de ta cousine qui te reviennent à toi. Ton héritage.
Ici, on a pas la place de les garder, ça nous gêne. On voulait les foutre aux ordures, mais je t'ai quand même écrit pour que tu viennes les chercher, tanti, j'suis un bon gars.
je suis pas venue patauger dans le fumier pour entendre des discours. faut que je rentre tout de suite.
T'es donc point contente de revoir la famille? La dernière fois que t'es venue, j'étais pas plus gros qu'un cochon de lait...

Y dit qu'y faut se dépêcher, y va aller se coucher, commence à faire nuit, l'est bientôt cinq heures. Faut qu'y rentre la volaille.
je vas te donner ce qui te revient, attends deux secondes...
Voilà!... C'est ça... Ton héritage... C'était son dentier, sa canne et son livre de messe... Y avait le paraplúie aussi.
Mais ça, on en a besoin, quand qu'y pleut, on en a besoin...
Y a pas autre chose?

Ah ben! C'est déjà beau... Faut pas croire... Quand qu'elle a crevé, elle avait pas grand-chose. L'avait pas de biens.
On l'a supportée à cause de sa retraite... 3253,85F par trimestre... plus un hecto de vin de rente tous les ans, ça suffisait tout juste pour son entretien, c'est que ça coûte, une vieille comme ça...
L'a tombé malade brusquement... A mangeait pu, a buvait pu, restait couchée toute la journée comme une truie qu'allaite ses petits. On a bien vu que ça allait pas. On l'a mis derrière la cheminée, au chaud, avec la poule qui couve, peut-être que ça se serait arrangé... Même pas...
Y restait des médicaments pour les vaches qu'ont la maladie. On en y a donné, pour voir, ça y a pas fait de bien. On a pensé faire venir le docteur, mais c'est pas donné, on s'a dit qu'elle allait se remettre... penses-tu...

Finalement, c'est le curé qu'est venu, lui au moins, l'a rien demandé, l'a fait ses prières, pis elle a crevé. L'a fallu payer le cercueil et les funérailles, alors voilà, y reste que ça pour toi, la CARMEN.
Je veux pas de tout ça, ça m'intéresse pas. Je veux la photo. Y avait une photo où on était dessus, elle et moi. Je la veux.
Je vois point ce que tu veux dire. Y avait des tas de vieux papiers, on les a foutus au feu pour chauffer la soupe, mais j'ai point vu de photo. Elle était peut-être avec, va savoir... Y a point de photo.

j'étais venue pour ça. Le reste, ça m'intéresse pas.
Alors, t'as qu'à rentrer... On a fait rien que notre devoir... T'as pas un petit cadeau pour moi? je suis dans le besoin, faut comprendre.
T'es bien toujours la même, près de tes sous... Tu veux point les cracher.
Oui, le père... Ouvre la gueule... Bouge pas comme ça, y va tomber... Si elle en veut pas, y sera bien bon pour toi, le dentier... Ça y est, l'est coincé, quèque tu dis?

CLAC CLAC CLAC CLAC CLAC CLAC
Ah ben là, je comprends plus rien... je crois bien que je l'ai mis à l'envers... Ça fait rien, faut s'habituer... Ferme la goule, ça va le nettoyer, l'est plein de cochonneries...
CÔ
CRÔÔÔ

Ça te fait une drôle de figure, on dirait un singe... 'tention !! Tu baves !..

CLAC CLAC CLAC CLAC CLAC CLAC
je comprends rien, que je t'ai dit... Tu craches partout.
CROUI

Pourquoi que tu l'enlèves? Ça te fait mal dans la bouche?
Quoi, les cochons?
GRONCH

Nom de Dieu! Les cochons! Qui qu'a lâché les cochons ?! Sont dans le potager! Y bouffent tout!.. Y piétinent les semis!!..
Allez, Bon Dieu, foutez le camp!! Y en a un qu'a chié sor les radis!.. Ouste! Dehors!! Mais comment qu'y sont venus là ?
GRRÉÉÉÉÉ

Encore elle ?!... Garez-vous !...
Hé ! Madame ! Vous voyez bien que la place est prise !... Faut pas s'asseoir sur mes genoux !
BROUAAAAAA
Quand on est poli, on cède sa place aux vieilles gens. On vit dans la sauvagerie, faut pas s'étonner qu'on perde soi-même sa civilité. Faut pas bouger, vous abîmez mon cageot.
BGAAAAAAAR
Lelong 06·84

CARMEN CRU.

Les ordures ménagères.

Un coup de rouge, Mèmère, c'est bon pour les travaux de force... rien que pour trinquer...
Raoul! Ça serait pas que tu serais en train de boire? A qui tu causes?
Mais non, mais non... je me lave la bouche, je parle à ma brosse à dents... bien le droit...

Le bureau des ordures.
Plait-il ?
ACCUEIL

Faut ouvrir vos oreilles, on vous paye pour ça, je vais pas le répéter cinquante fois. Où est le bureau qui s'occupe des ordures ? je sais qu'y en a un ici, à la mairie.
Vous voulez parler du service de la voirie, vous vous êtes mal exprimée.
je vous ai pas dit de me critiquer, faites votre travail correctement, sans insulter la clientèle.

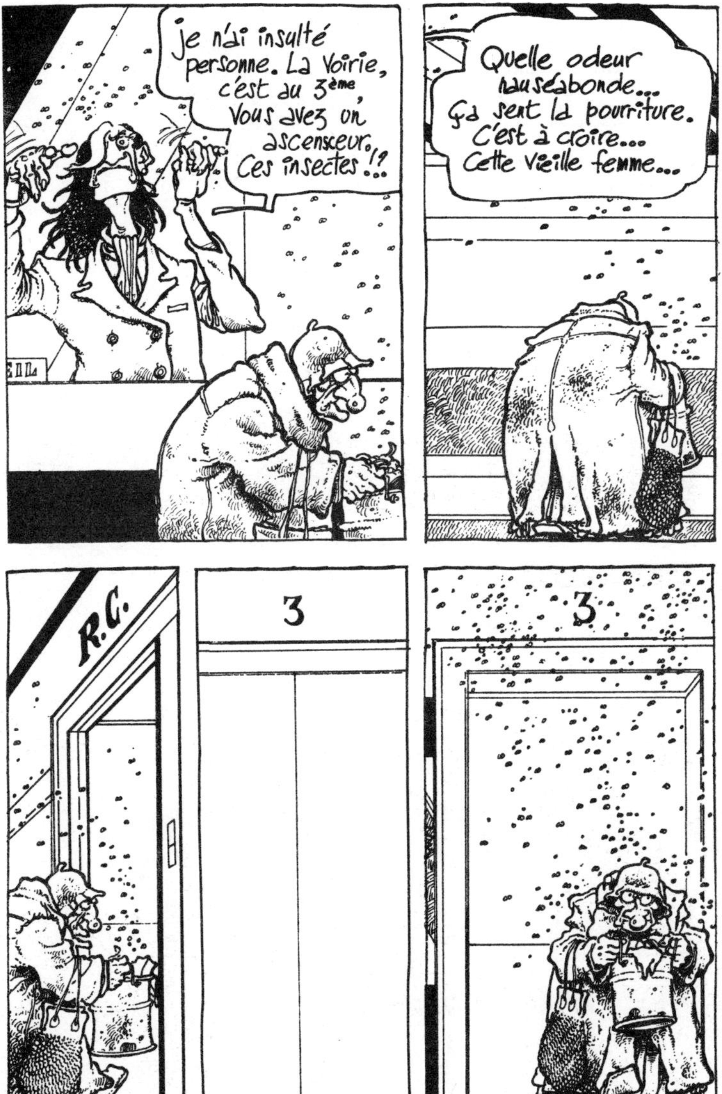
je n'ai insulté personne. La voirie, c'est au 3ème, vous avez un ascenseur. Ces insectes !?..
EIL
Quelle odeur nauséabonde... Ça sent la pourriture. C'est à croire... Cette vieille femme...
R.C.
3
3

Voirie
Vous sentez comme ça sent ? C'est une infection ! Il faut faire de l'air...

C'est vous l'employé aux ordures ?

je vous apporte les miennes.
C'est aimable de votre part, mais je ne vois pas la raison pour.
Vous vous occupez bien des ordures ménagères, alors je vous amène les miennes puisque vous êtes pas capables de les ramasser.
je suis étonné.
Faut pas jouer les imbéciles. Ça fait deux semaines que ma poubelle est pleine et vos employés sont même pas venus la vider. Alors je vous amène mes ordures moi-même, je vais pas les garder chez moi, c'est plein de microbes.

!
BENG
CLAF

Surprenant. Surprenant. Il y a un malentendu.
Y a pas de malentendu, je paye mes impôts pour que ma poubelle soit vidée, alors je la vide, puisque vous êtes trop feignants pour le faire.

Curieux. Les éboueurs devraient pourtant s'occuper de votre poubelle comme celle des autres, sur le trottoir, chaque matin.
Y a pas de trottoir.
Pas de trottoir ?
Y a pas de trottoir devant ma maison, y a jamais eu de trottoir. Je pose mes ordures devant ma maison et personne s'en occupe.
Si vous mettez votre poubelle devant chez vous, les éboueurs doivent s'en charger, je ne vois pas pourquoi ils ne le feraient pas.

Les boueux passent pas devant ma maison à cause de l'escalier.
Escalier?
Faut descendre un escalier pour arriver dans la cour où j'ai ma maison. Le camion des boueux peut pas faire ça, alors y vident pas ma poubelle, c'est pour ça que je vous l'amène, pour que vous constatiez.
Si vous vivez dans une cour, rien ne vous empêche de déposer votre poubelle dans la rue, comme tout le monde.
TCHIP TCHIP TCHIP
J'ai pas à faire du chemin avec mes ordures pour les mettre dans la rue, alors que je paye des impôts pour qu'on la vide et qu'on le fait pas.
TCHIP TCHIP TCHIP

Vous avez bien fait du chemin avec cete poubelle depuis chez vous pour l'amener ici, dans mon bureau. Ou alors, demandez à quelqu'un de le faire pour vous si vous n'en avez pas la force.
TCHIP TCHIP TCHIP

J'ai rien à demander à personne, ma poubelle est devant ma maison comme elle doit l'être et les boueux doivent faire leur travail. C'est tout. C'est à eux de se déranger, pas à moi.
TCHIP TCHIP

Il est difficile de s'occuper de chaque cas particulier en matière de ramassage d'ordures. On n'en sortirait pas. Imaginez-vous...

J'imagine rien. Si vous voulez pas vous occuper de moi, je préviendrai le service de l'hygiène, je ferai un procès, on verra qui a raison.
Etonnant. Stupéfiant.

je m'en vais. Si vos boueux continuent à m'ignorer, vous me reverrez dans quinze jours avec ma poubelle. Faut bien que je vide mes ordures quelque part, autant que ce soit dans les services responsables.
Aberrant. Aberrant.

Mademoiselle! Apportez une pelle et une balayette, il y a des ordures à ramasser sur la moquette.

3
Vous avez fait vos ordures sur la moquette? Ça ne va pas? Il faut voir un médecin.

Il ne s'agit pas de ça. je vous dis de ramasser le contenu de la poubelle que cette dame a renversé par terre.
TING
Quelle dame ? Mais ça pue là-dedans ! Qu'est-ce que c'est que ce bordel ? je suis pas là pour tripoter des détritus, c'est dégueulasse ! Faut appeler les boueux.
BLENG BENG
DONG BING

KONC
GLAM
BOG

Mais c'est des ordures !!...
Il en restait collé au fond. je vais pas ramener des ordures chez moi, je suis âgée, je suis pas riche, mais je suis propre.

je vis pas dans une porcherie.
Lelong. 07.84

Humour

BEAUNEZ	**Vive la carotte !** (BD 160, **5*** couleur) •
BINET	**Les Bidochon-1/Roman d'amour** (BD 4, **3***)
	Les Bidochon-2/En vacances (BD 48, **3***)
	Les Bidochon-3/... En HLM (BD 104, **3***)
	Les Bidochon-4/Maison, sucrée maison (BD 121, **3***)
	Les Bidochon-5/Ragots intimes (BD 150, 3*)
	Kador/Tome 1 (BD 27, **3***)
	Kador/Tome 2 (BD 88, **3***)
BRETECHER	**Les Gnangnan** (BD 5, **2***)
BRIDENNE	**Saison des amours** (BD 65, **4*** couleur) •
BROWNE	**Hägar Dünor le Viking-1** (BD 66, **3***)
BRUNEL	**Pastiches-1/École franco-belge** (BD 46, **5*** couleur) •
	Pastiches-2/École américaine (BD 115, **5*** couleur) •
COLLECTIF	**Baston, la ballade des baffes** (BD 136, **4*** couleur)
ÉDIKA	**Débiloff profondikoum** (BD 38, **3***) •
	Homo-sapiens connarduss (BD 156, **3***) •
FRANQUIN	**Idées noires** (BD 1, **3***)
	Gaston-1/Gala de gaffes (BD 17, **3*** couleur)
	Gaston-2/Gaffes à Gogo (BD 39, **3*** couleur)
	Gaston-3/Le bureau des gaffes (BD 70, **3*** couleur)
	Gaston-4/Gaffes en gros (BD 100, **3*** couleur)
	Gaston-5/Gare aux gaffes (BD 126, **3*** couleur)
	Gaston-6/Gaffes d'un gars gonflé (BD 152, **3*** couleur)
GOTLIB	**Pervers Pépère** (BD 8, **3***) •
	Rhââ Lovely-1 (BD 21, **3***) •
	Rhââ Lovely-2 (BD 55, **3***) •
	Rhââ Lovely-3 (BD 131, **3***) •
	Superdupont (BD 33, **3***)
	Gai-Luron-1 (BD 43, **3***)
	Gai-Luron-2 (BD 75, **3***)
	Gai-Luron-3 (BD 169, **3***) février 90
	Hamster Jovial (BD 83, **2***) •
	Dans la joie jusqu'au cou (BD 93, **3***) •
	Rhâ-gnagna-1 (BD 159, **3***) •
HART	**B.C.-1** (BD 79, **3***)
	Le magicien d'Id-1 (BD 95, **3***)
LELONG	**Carmen Cru-1/Rencontre du 3e âge** (BD 14, **3***)
	Carmen Cru-2/La dame de fer (BD 64, **3***)
	Carmen Cru-3/Vie et mœurs (BD 119, **3***)
MANDRYKA	**Le Concombre masqué-1** (BD 110, **4*** couleur)
	Le retour du concombre masqué (BD 165, **4*** couleur) janvier 90
McMANUS	**La famille Illico** (BD 73, **3***)
MORCHOISNE, MULATIER, RICORD	**Ces Grandes Gueules...** (BD 16, **4*** couleur)
	Ces grandes gueules télévisuelles (BD 170, **5*** c.) fév. 90
MORDILLO	**Les meilleurs dessins d'Opus** (BD 10, **4*** couleur)
ONC'RENAUD	**La bande à Renaud** (BD 76, **4*** couleur)
PÉTILLON	**Mr Palmer et Dr Supermarketstein** (BD 13, **5*** couleur)
	Jack Palmer/La dent creuse (BD 78, **5*** couleur)
	Jack Palmer/Une sacrée salade (BD 168, **5*** couleur) janvier 90
PTILUC	**Destin farceur/Crescendo** (BD 147, **5*** couleur)
QUINO	**... Panorama** (BD 90, **2*** couleur)
SERRE	**Les meilleurs dessins** (BD 6, **5*** couleur) •
	Humour noir (BD 35, **5*** couleur) •
	A tombeau ouvert (BD 86, **5*** couleur) •
VAN DEN BOOGAARD	**Léon-la-Terreur** (BD 45, **5*** couleur) •
	Léon-la-Terreur atteint des sommets (BD 118, **5*** couleur) •
VEYRON	**L'amour propre** (BD 7, **5*** couleur) •
	Bernard Lermite-1 (BD 50, **3***) •
	Bernard Lermite-2/L'éternel féminin dure (BD 153, **6*** couleur) •
WALKER	**Beetle Bailey-1** (BD 102, **3***)
YOUNG	**Blondie** (BD 87, **3***)

Aventures & fictions

ADAMOV & COTHIAS	**Les Eaux de Mortelune-1** (BD 109, **5*** couleur) •
ARNO ET JODOROWSKY	**Les Aventures d'Alef-Thau-1** (BD 164, **6*** couleur)
AUTHEMAN	**Vic Valence-1/Une nuit chez Tennessee** (BD 41, **4*** couleur)
BERNET & ABULI	**Torpedo-1/Tuer c'est vivre** (BD 25, **2***) •
	Torpedo-2/Mort au comptant (BD 113, **2***) •
BOUCQ	**Les pionniers de l'aventure humaine** (BD 34, **6*** couleur)
CAILLETEAU & VATINE	**Fred et Bob-1/Galères Balnéaires** (BD 108, **4*** couleur)
CHARLES	**Les pionniers du Nouveau Monde-1** (BD 103, **4*** couleur)
CEPPI	**Stéphane-1/Le guêpier** (BD 116, **5*** couleur)
COMÈS	**Silence** (BD 12, **5***)
	La belette (BD 99, **5***)
DERMAUT & BARBET	**Les Chemins de Malefosse-1** (BD 19, **5*** couleur) •
	Les Chemins de Malefosse-2 (BD 71, **5*** couleur) •
	Les Chemins de Malefosse-3/La vallée (BD 129, **5*** couleur) •
DETHOREY	**Louis La Guigne-1** (BD 97, **4*** couleur)
DRUILLET	**Les 6 voyages de Lone Sloane** (BD 60, **5*** couleur)
	Vuzz (BD 94, **3***)
DRUILLET & DEMUTH	**Yragaël ou la fin des temps** (BD 122, **5*** couleur)
FALK & DAVIS	**Mandrake le magicien** (BD 58, **4*** couleur)
FOREST	**Barbarella** (BD 49, **5*** couleur) •
FOREST & TARDI	**Ici même** (BD 62, **6***)
FRED	**Magic Palace Hôtel** (BD 72, **4***)
GIARDINO	**Sam Pezzo-1** (BD 15, **3***)
JUILLARD & COTHIAS	**Les 7 vies de l'épervier-1** (BD 77, **4*** couleur) •
	Les 7 vies de l'épervier-2 (BD 144, **4*** couleur)•
LIBERATORE	**RanXerox-1/A New York** (BD 3, **5*** couleur) •
	Ran Xerox-2/Bon anniversaire Lubna (BD 161, **5*** couleur) •
MAKYO	**Grimion Gant de cuir-1** (BD 157, **5*** couleur)
MAKYO & VICOMTE	**Balade au Bout du monde-1** (BD 59, **5*** couleur)
	Balade au Bout du monde-2 (BD 130, **5*** couleur)
PRATT	**La ballade de la mer salée** (BD 11, **6***)
	Sous le signe du Capricorne (BD 63, **6***)
	Corto toujours un peu plus loin (BD 127, **6***)
	Ernie Pike (BD 85, **4***)
RAYMOND	**Flash Gordon** (BD 47, **5*** couleur)
SCHETTER	**Cargo-1/L'écume de Surabaya** (BD 57, **5*** couleur) •
SEGRELLES	**Le mercenaire-1/Le feu sacré** (BD 32, **4*** couleur)
	Le mercenaire-2/La formule (BD 124, **4*** couleur)
SERVAIS & DEWAMME	**Tendre Violette** (BD 42, **5***) •
SOKAL	**Canardo-1/Le chien debout** (BD 26, **5*** couleur)
	Canardo-2/La marque de Raspoutine (BD 89, **5*** couleur)
TARDI	**Adèle Blanc-Sec-1/Adèle et la Bête** (BD 18, **4*** couleur)
	Adèle Blanc-Sec-2/Le démon... (BD 56, **4*** couleur)
	Adèle Blanc-Sec-3/Le savant fou (BD 120, **4*** couleur)
TARDI & MALET	**Brouillard au pont de Tolbiac** (BD 36, **4***)

• Lecteurs avertis

64

Imprimé par Brodard et Taupin à La Flèche
le 8 décembre 1989. - **1034C-5**
Dépôt légal décembre 1989. ISBN 2-277-33064-7
1er dépôt légal dans la collection : avril 1988.
Imprimé en France.

J'ai lu BD / Éditions J'ai lu
27, rue Cassette 75006 Paris

Diffusion France et étranger : Flammarion